朝鮮語文研究

延禧專門學校文科研究集 第一輯

京城 延禧專門學校出版部 發行

序

우리 檀域五千年 긴歷史를通하야 文化의發展은 빠르고 앞서서 우리敎化의 빛이 멀이 뒤떨

과 앞섬에빛외엿다 우리民族의 過去生活을적으라면 思想上으로나 藝術上으로나 文學上으로나

社會制度로나 적을바많이있고 우리가萬一우리祖先의業蹟을外人에게 자랑한다면 다른民族에게 북

그러울것이없을것이다

그러나 우리는 祖先의偉業을繼續치못하엿을뿐아니라 더욱이 그자최를 더듬을길案아 渺然하게

되엿으니 어찌 痛恨히녁일바아니리요 오날 우리 그痛恨을 抹除하랴면 그偉業을 繼續함에있

고 그偉業을 繼續하랴면 우리祖先들의 생각하신바와 感覺하신바와 믿行하신바를생각하고 늦기

고 본받음에 있을것이다

이제 우리延禧專門學校文科에 오래 敎鞭을잡은 鄭寅普敎授가 오래동안 祖先의끼친자최를더듬

고 주신敎訓을상고하고 傳한바精神을몽아 「朝鮮文學源流」를 지엿으니 이제 梓에付하는上編은

우리民族이發祥한以來로 三國時代에니르는동안의內的生活의啓示이다 上古文學을溯究하랴하니時間

이遙遠하고 考證의材料가亦缺하야 系統을잡기어렵고 事實을闡明하기쉽읍지아니할지라 그러나

或은中外文獻을叅考하고 四域의遺跡을 察證하야此篇을지으니 張數는만치아니하나 품과가위로

지음이아니요 우리朝鮮사람의게學問되는 收穫이다

그러나 作者自身도이所得을自足히녁이는바안이요 또한研究를같이하는우리도 이밧께더할수없다

고알기때문에發表하는것이아니다 오날朝鮮文學을史的立場에서研究하거나 批評的見地에서考察하거

나어느方面으로든지 有意한士子 가다잣이研究하는公案인줄안다

더욱이 鄭君은 謙讓한 선배라 이제朝鮮文學史의 깊은研究를發表함에 此編을「朝鮮文學史」라

命名치아니하고 「朝鮮文學源流草本」이라하였으니 일홈이야무엇이라하였던지 우리는 江湖士子와갗이

鄭君의蘊蓄을 낯낯오아보게된것을기뻐하며 오래지아니하야 그下編이 次第로出世되기를 기다린다

이「朝鮮語文硏究」의第一部分은 文學硏究에 割讓하였거니와 其他는語學硏究로充하였다 崔鉉培

敎授는「한글」에泰斗인篤實한學者이다 崔敎授의硏究의結晶인 「우리말본」첫재매는 우리學校出版部

에서發行한以來로 발서斯界에權威가되었다 그 둘재매도오래지아니하야印行하게되기를바래거니와

여기發表하는品詞類別은 眞實 割新의硏究이요 常套를떠난獨特한學案이다

文法硏究의基礎가品詞에對한智識의樹立에있다할수있은즉 이學案이우리 「한글」發展에한큰供獻이

될줄믿는다 그리고編末에 홀소리와닿소리의用數調査도 崔敎授의積功한結晶으로 우리文字硏究에

한蹊徑을展開하는것인줄안다

延禧專門學校文科에서는 이다음에도繼續하야 우리文科關係敎員들이 硏究를時時로發表하기를期

約하거니와 이제우리文科硏究論文集第一輯을發行함에 鄭、崔兩敎授의玉稿를싣니게됨을滿足히생각

하는同時에 兩位의게謝意를表한다

一九三〇年十一月十一日

白 樂 濬

延禧專門學校文科研究集第一輯「朝鮮語文研究」

目次

目 次

朝鮮語의 品詞分類論

崔 鉉 培

一、 들 어 가 는 말

朝鮮語의 品詞分類論

조선말의 씨(品詞)를 어떻게 가를것인가? 이것은 우리말 研究에 잇어서 가장 重要한 일이다。우리말 研究의 先導者인 돌아가신 周時經스승님께서 우리말의 씨가름(品詞分類)에 關

朝鮮語 의 品詞 分類論

하여 많은 애를 쓰셧으며 딸아 남다른 特色 잇는 씨가름을 하엿엇다。그 뒤에 金科奉 님이 말

본을 지을새、대개 스승님의 가름법(分類法)을 그냥쓰고、다만 이름만 조금 달리함이 잇엇을

따름이엇당。그리하야 다른이들도 거의다 그대로 쓰고 별다른 의논이 잇지 아니하다。그러하

야 요사이 조선말의 硏究는 그 中心問題가 恒常 글자와 소리와 마침법(綴字法)에 헤매는

모양이당。이는 時勢의 必然한 . 所致이다。오늘의 時期가 爲先 이러한 問題에 置重치 아니할

수 없게 만든 것이다。그러나 이는 朝鮮語硏究의 初入門인 동시에 最終點이니、저 씨가름

(品詞分類)의 硏究가 完成되지 않고는 이러한 마침법문제(綴字法問題)같은 것이 決코 完全히

解決되지 못할 것이다。그러므로 우리의 硏究는 반드시 이 씨갈(品詞論)을 重要視하여야 한

다。이제 내가 이에 關한 오랜동안의 硏究의 要領을 發表함은、敢히 조선말의 연구문제를 이

點으로 모히게 하야、얼른 무슨 定하는 바가 잇기를 바람에 잇다。

二、씨 의 뜻

씨가름(品詞分類)을 論함에는 먼저 씨의 뜻을 밝혀둘 必要가 잇다。씨(品詞)의 뜻은 쉬

운듯하되 자세히 살펴보면 그리 쉬운 것이 아니다。

金科奉 님의 조선말본에 依하면「일이나 몬(物)이 서로 다름을 딸아 다 따로따로 이르는

날말(單語)을 씨(品詞)라 하나니라」고 하엿당。만약 이 定義에 따를것같으면、일과 몬의 이

름밖에는 씨가 될수없는 것인즉、우리말의 토(助辭)는 그 씨가온대에 들지 못할 것이다。

大體 씨로써 일과 몬의 觀念의 單位이라 하는 생각은 西洋文法에서의 씨의 뜻매김(定

義)을 그냥 받아 쓰는 것이다。元來 西洋말은 이른바 屈曲語이기때문에 토라는 것이 없

고 우리말에서 토가 그 職能으로 表示하는 말과 말과의 關係는 씨끝(語尾)의 變化로 말미암

아 나라내는 것이다。그러므로 모든 낱말(單語)은 쓰위ー드(Sweet)가 定義한 바와 같이 Ultimate independent Sence (窮極의 獨立한 觀念單位)이다。西洋말에도 우리말의 토와 비슷한 Preposition(前置詞)이 잇지마는、이것은 다 다른 觀念語에서 變遷된 것이니라。

그렇지마는 우리 조선말은 이른바 添加語이니、본대부터 말과 말 사이의 關係를 보이는 토(助辭、虛辭)라는 것이 잇어 完全한 獨立한 씨(낱말)가 되나니、씨의 뜻을 매기랴면(定義 하랴면) 모름즉기 토까지 두루 包容할수 잇게 하여야 할 것이다。

元來 낱말을 생각함에는 먼저 월(文)을 생각하지 아니하면 안된다。 오늘날 言語學者의 硏究한 바에 依할것갈으면、씨 곧 낱말이 먼저 생긴 것이 아니요、월 (文)이 먼저 생긴 것이라 한다。곧 原始時代에서는 가장먼지 월(文)이 잇어서、그것이 조끔 도 分析的이 아니요、어떠한 소리가 모혀서 그대로 어떠한 생각을 나타내엇다 한다。이러 한 例는 오늘의 世界의 野蠻人가온데에서 볼수가 잇다。이를터면 北아메리카가 極北에 사는 에스기모ー種族의 말과 같은 것이니、그말에 이러한 것이 잇다。"Aglekkigiartorasuanipok" 그 뜻 은「저사람은 밥비 가서 작고 글을 썻다」이다。그런데 이러한 뜻을 가진 말이 語句의 區 別이 없고、마치 새가 지저귀는 것처럼 말한다고 한다。이 말이 世界에 現存한 點 으로 보아서、世界의 말을 그 組織으로써 區別할 적에 融合語(아모 語句의 區別이 없이 서로 融合되엇다 하야서) 添加語 孤立語 屈曲語와 함께벌리는 學者가 잇지마 는、이것을 또 言語發達上으로 보아서 아즉 單語의 생기기前에 먼저 一個의 思想을 完全 히 表示하는 월(文)이 잇엇음을 보이는 實例라 할만하다(이따위 말을 가장 發達한 말이라 는 學者가 없지 아니하지마는 우리는 그에 贊成치 아니함)。또 個體의 發達史는 種族의

朝鮮語 의 品詞 分類論

發達史를 되푸리한다는 意味에서、野蠻時代를 象徵하는 어린아이들의 말함을 보면、그는 音節、單語、語句의 綜合으로 된 월(文)이라 하기보다 차라리 한 덩어리의 思想感情을 한 덩어리의 音聲으로 發表하는 것이라 할만한 것이 잇다。그러다가 그 아이가 차차 자라남을 딿아、말을 배홈이 차차 나아감을 딿아、單語의 意識이 겨우 생기는 것이다。勿論 그 以前에서도 아이가 어른의 날말(單語)을 말하는 일이 잇지마는、그것은 어른의 귀에는 한 單語로 들히지마는 그 실상인즉 그 말하는 아이에게 잇어서는 그 아이의 一個의 完全한 思想感情을 發表한 월(文)이다。그러므로 날말을 생각함에는 먼저 그것이 월을 分析한 結果임을 생각하여야 한다。그러나 다만 월을 分析한 結果이라고만 하여서는 씨줄기(語幹)와 씨가지(語枝 或은 接辭이니 所謂 接頭語 接尾語를 統稱한것)같은 것도 씨(品詞)가 될 것인즉、그 分栨에는 어떠한 標準이 잇어야 한다。그 標準은 월을 만드는 成分이 될 것이니、이것이 가장 소중한 일이다。그렇고 보면 語幹、語枝와 같은 것은 월의 成分될 資格이 잇는 것이 아닌즉、딿아 씨가 될수 없는 것이다。또 씨는 말의 單位이니、思想의 單位와는 一致하기도하고 一致하지 아니하기도 하나니라。이만하여 두고 씨의 뜻을 매길것같으면 다음과 같다。

씨란 것은 월의 成分의 單位이니、그 以上은 더가를수 없는 소리의 한 덩어리이다。더가를수 없다는 말은 더가를것같으면 월의 成分으로의 單位가 되지 못한다는 뜻이다。씨는 한덩어리의 소리이다。그 소리의 한 덩어리라는 것은「소、말、나、너」와 같이 한 날내(音節)인 것도 잇으며、「가마、고초、사람」과 같이 두 날내인 것도 잇으며、「가마귀、개고리、너구리」와 같이 세 날내인 것도 잇으며、「바람나무、증검다리」와 같이 네 날내인 것도 잇으며「부지런하다、움츠러지다、개똥버러지」와 같이 다섯 날내로 된 것도 잇으며、「무

르무리하다、어긋버금하다、어기적거리다、아치랑아치랑、지근덕지근덕」과 같이 여섯 날내로 된 것도 잇스며、또 간혹 「흥글방망이 놀다」와 같이 일곱 날내로 된 것도 잇나니라。그런데 우리말에서는 한 날내、두 날내로 된 씨가 가장 많고、서너 날내로 된 씨가 그 다암이요、다섯 날내 넘어로 된 씨는 적으니라。

이 뜻매김(定義)을 쓸것같으면 토도 씨가 되는 동시에 씨줄기(語幹)와 씨가지(語枝)같은 것들은 월을 만드는 成分이 아니기 때문에 씨가 되지 못하나니라。

씨에는 「소、말、물、구름、바람」과 같이 더 가를수없는 것도 잇으며、「잠、얼음、검정、먹이、사람답다、너드몸」과 같이 다시 더 가를수잇는 것도 잇다。이와 같이 한 씨를 다시 갈라놓은 것은 이미 월의 成分가 아닌즉、또 씨가 될 資格은 없나니라。그러나 한 씨를 멫 조각으로 가르어놓은 中에도 반드시 주장되는 조각과 불음(從屬)되는 조각이 잇나니、그 주장되는 조각은 씨(單語)의 中心觀念을 들어내는 것인데、제 홀로라도 다른 境遇에서는 한낱의 獨立한 씨를 일울수 잇나니 (或 그렇게까지 못 가는 것이 잇지마는)、이를、씨줄기 또는 줄이어서 줄기(語幹)이라 하며、그 불음(從屬)되는 조각은 제 홀로는 獨立한 씨를 일울수 없고 다만 다른 씨 或은 씨줄기에 붙어서 그 뜻이나 資格이나 語調이나를 바꾸나니、이러한것을 씨가지 또는 줄이어서 가지(語枝、接辭、根辭、affix)이라 하나니라。

씨가지(語枝)에는 세가지의 다름이 잇나니
「돌배•숫색씨•맨손」의 「돌•숫•맨」과 같이 씨줄기의 우에 붙는 것은 머리가지(頭枝란 뜻이니、接頭語、冠性根辭、Prefix의 名稱이 잇음)라 하며、

朝鮮語의 品詞分類論

「잠•얼음•검정」의 「ㅁ•음•정」과 같이 씨줄기의 앞에 붙는것을 밭가지 (足枝란 뜻이니、接

尾語、履性根辭、Suffix의 名稱이 잇음)라 하며

「니ㄷ몸•조ㅂ쌀•우ㄷ옷」의 「ㄷ•ㅂ」과 같이 두 씨줄기(語幹)의 사이에 들어서 그 두줄기를

서로 붙이는 것을 허리가지(腰枝란 뜻이니、接合性根辭의 이름이 잇음)라 하나니라。

三、씨 의 가름

以上의 說明으로써 씨自體의 뜻이 어떠함을 대강 알아보앗다 할만하당。이제 나아가아 이

씨(品詞)란 것이 모든 말을 分類하는 대의 標準이 되는 것이다。

말의 性質을 研究함에는 허구많은 말을 얼마간의 갈래로 가르는 것이 便利하다。그리하

야서 말을 가르는 標準으로 세운 것이 씨(品詞)이다。

品詞란 말은 Part of Speech의 譯이니、詞의 品類란 뜻이다。우리가 쓰는 「씨」의 뜻은 말의

씨(語種)란 것이니、돌아가신 周時經스승님이 비로소 말법의 術語로 쓴 것인데、古典에서 보

면 訓民正音에 씨란 말이 보히나니라。그 訓民正音의 씨가 꼭 우리가 여기서 뜻하는 씨

하고 같은 것인지는 조곰 疑心이 없지 아니하지마는 이것에 近似한 것이라고 볼만도하니

땅。또 周스승님이 訓民正音에서 가져 왔는지? 또 그 뜻을 어떻게 잡앗는지? 그것도 바

로 들은 일이 없으니、스승님의 생각은 꼭히 알기 어렵다。左右간 우리는 우와 같이 말

의 씨란 뜻으로 이말을 보는 것이 매우 좋은 일이라고 생각한다。元來 日常의 말과 말갈(言

語學)에서의 術語가 흔히 저 植物의 部分으로써 이름짓는 일이 많음은 世界各國에서 볼수

잇는 일이니、假令 日本말의 「言葉」、英語獨語等에서의 「語根、語幹」이 다 植物의 部分에서 取

한 말임과 같는 것이다。이제 나는 다시 接尾語、接頭語 乃至 品詞까지를 全部 植物의 部

分에서 取해 와서 그 이름을 지엇노라。

大體 말을 몇가지의 씨로 난호아서 硏究하기는 멀리 끄리시아 時節에 始作되엇다。스도아

學派의 손을 말미암아 드디어 여듧가지 씨외 이름이 생기엇다。

이 끄리시아의 語學이 다른 文化와 함께 로마로 移傳되어서 라딘말법이 完成되엇다。이것

을 完成한이는 아렉산드리아 學者 디오니시우스 트락스 (Dionysius Thrax 西紀前二世紀人)인데

이 사람이 끄리시아의 여듧가지 씨로써 라딘말에 들어맞혀서 文法書를 지엇다。그 여듧가

지 씨란 것은

Onoma(名詞)、Renra(動詞)、Metoche(分詞)、Arthron(冠詞)、Antonumea(代名詞)、Protesis(前置詞)、Epirrema(副詞)、Sundesmos(接續詞)。이다

트락스의 말법이 한번 成立된 뒤로는 여듧가지 數가 品詞分類에 반드시 잇어야할 神秘

한 數처럼 생각되엇다。그리하여 트락스의 여듧가지 씨가름(品詞分類)을 라딘말로 實地로

應用한 結果、分詞는 動詞에 집어넣고、冠詞는 라딘말에 없은즉 쓸대없게 되엇다。그러나 여

둘이란 數는 꼭채워야 하겟다 하야、名詞를 實體名詞와 形容名詞로 난호고、또 副詞가온대

에서 間投詞를 갈라내어서 그 빈자리를 채웟다。이것은 라딘말의 本性에서 나온 일이 아니

요、다만 그 여듧이란 神秘한 數量을 채우기爲하야서 한 것에 지나지 아니하다。이리하여 오

늘의 西洋文法의 여듧가지 씨가 成立되엇다。더구나 라딘말은 近世에 이르기까지 항상 西洋

全體의 標準말이 되엇으므로、그 여듧가지의 씨가름(品詞分類)이 西洋 모든 나라의 본이 되

엇다。이제 英語의 八品詞를 들면、

Noun(名詞) Pronoun(代名詞) Adjective(形容詞) Verb(動詞) Adverb(副詞) Preposition(前置詞) Conjunction(接續詞) Interjection(間投詞)

朝鮮語 의 品詞 分類 論

朝鮮語 의 品詞 分類論

이다。

現今 日本에서 行하는 씨가름(品詞分類)은 담의 열가지이다。

名詞、 代名詞、 數詞、 形容詞、 動詞、 助動詞、 副詞、 接續詞、 感動詞、 助辭

이것은 明治初年에 日本의 語學者들이 西洋文法을 본받아서 日本말을 가른 것인데、 特히 大槻文彦님의 지은 語法指南(明治二十二年)과 落合直文、 中村義象 둘이의 지은 中等敎育日本文典(明治二十三年)에서 거의 確定되어、 다시 國家의 敎育行政을 因하야、 一般 國民에게 理會시켜 온 것이다。 그러나 이것이 日本말스스로의 性質에 아주 適切한 理想的 分類일지? 이 點에 關하여서는 오늘의 日本文法學者들가온대에는 十分의 疑問을 가지고 잇는 이가 적지 아니하다。 그래서 새로운 分類法이 여기저기에서 나타남을 본다。

要컨대 씨가름은 사람의 말을 硏究하는 便宜上으로 하는 것이니、 아예부터 一定不變하는 一般的 標準이 잇는 것이 아니라、 다만 그 나라말의 바탕(性質)의 다름을 딸아 저절로 相違가 생기는 것은 定한 理體이다。 다만 가장 必要한 일은 될수잇는대로 그 말의 本來의 바탕에 맞으며、 딸아 그 말의 理解와 實用에 가장 便宜한 가름(分類)을 하여야 할 것이다。 그러한즉 우리가 우리말을 가름에는 우리말 固有의 바탕에 맞으며、 우리말의 理解와 實用에 가장 맞으며、 또 말의 發達에 가장 有利한 가름을 하여야 한다。

周時經스승님은 그 國語文法(隆熙四年四月發行)에 우리말의 씨를「임、엇、움、겻、잇、언、역、놀、꼿」의 아홉갈래로 가르엇다。 그런데 그 分類의 理論은 도모지 말하지 아니하고、 다만 그 各 品詞의 簡單한 뜻과 보기(例)를 보이엇다。 이제 그것을 여기에 摘記하면、

一임(名詞)。 여러가지 몬과일을 이름하는 기를 다 이름이라──사람、개、나무 들。

一엇(形容詞)。 여러가지 어떠함을 이르는 기를 다 이름이라。──히、크、단단하、들。

- 12 -

一、움(動詞)。여러가지 움즉임을 이르는 기를 다 이름이라——가、날、자、들。

一、겻(助辭)。임기의 만이나 움기의 자리를 이르는 여러가지 기를 다 이름이라——가、를、에、들。

一、잇(接續詞)。한 말이 한 말에 잇어지게 함을 이르는 여러가지 기를 다 이름이라——와、고、며、들。

一、언(冠形詞)。엇더한(임기)이라 이르는 여러가지 기를 다 이름이라——이、저、큰、두、들。

一、억(副詞)。엇더하게(움)이라 이르는 여러가지 기를 다 이름이라——다、잘、이리、착하게、들。

一、놀(感嘆詞)。놀라거나 늣기어 나는 소리를 이르는 기를 다 이름이라——아、하、참、들。

一、끗(終結詞)。한 말을 다 맞게 함을 이르는 여러가지 기를 다 이름이라——다、이다、냐、들。

과 같다 (括孤內의 漢譯은 저가 便宜로 붙인 것이다。그 說明속에 『기』라 함은 品詞의 뜻이니、先生님이 나종에는 『씨』로 改稱하엿음)。

周스승님은 그 最後의 著書 『말의소리』의 附錄 『씨난의틀』(品詞分類表)에는 앞에 든 씨가름(品詞分類)을 變更하야、우리말의 씨를 『임、엇、움、겻、잇、굿』의 六類로 하엿다。그러나 거기에는 分類의 原理을 說明하지 아니하얏을 뿐아니라、各品詞에 對한 簡單한 說明조차 없기때문에 스승님의 생각을 더구나 的確細密하게 알수가 없다。다만 各品詞알에 들어 놓은 것은 例를 가지고 살피건대、여기의 『임』은 앞의 分類에서의 『임』에 『억、놀、언』을 兼倂한 것인듯하다。『언』의 處置에는 多少간 疑問이 잇지마는、大槪 『임』에 包含시긴 모양이다。——要컨대 스승님은 이승을 떠나실 무릅에는 씨가름(品詞分類)을 簡單하게 하야、名詞

朝鮮語의 品詞 分類論

朝鮮語 의 品詞 分類論

代名詞、數詞、副詞、感嘆詞、冠形詞의 全部를 한낱의 『임』에다가 包含시키기엇다。 이제 생각하건대 스승님의 文法으로써는、 이러한 『임』을 무엇이라고 定義를 할는지、 참 推測하기 어렵은 일이라 할수밖에 없다。

金科奉님은 그 著 『조선말본』에서 아모 理論的 展開도 없이 다만 周스승님의 『國語文法』의 가름을 그대로 襲用하되、 다만 그 名稱을 조곰 고치어서『임、 얻、 움、 겻、 잇、 맺、 언、 억、 늦』으로 하엿다。

이 周스승님의 아홉가지의 分類法이 비록 아모 理論的 說明은 없으되、『언』과 같은 것을 一種으로 잡은 것은 참 우리말의 性質을 깊이 생각하고 함이라 할 것이다。 그러나 나는 이 가름법이 넘어도 分柝的임에 滿足할수 없으므로、 이제 담에 綜合的 分類法을 施하고자 한다。

씨(品詞)의 가름(分類)은 그 말법에서의 구실(役目、 職能)곧 씨 서로의 關係와 월(文)을 만드는 作用의 關係를 주장(主)으로 삼고、 그에 따르는 形式과 意義를 붙힘(從)으로 삼아 서、 이 네가지가 서로 關係하는 狀態를 標準으로 삼아 決定하여야 한다。 말은 어떠한것이든지 다 무슨 뜻과 꼴(形式)을 가졋다。 딸아 뜻으로만 가릌수도 잇으며、 꼴로만 가릌수도 잇다。 이 두가지의 가름아 文法學에서 아조 必要없는 것은 아니지마는、 그것만으로는 말법을 硏究할수가 없다。 말법의 硏究에 가장 必要한 것은 그 말이 말법에 서 가지는 구실(役目、 職能)이다。 이 말법에서의 구실이란 것은 씨와 씨의 關係와 월을 만드는 作用의 關係의 두가지로 난혼다。 씨와 씨의 關係란 것은 한 씨가 다른 씨와 合하는 일이 잇나、 또 合하는 境遇에는 어떠한 자리에서 하는가 하는 것이 그 씨의 뜻과 꼴(形式)에 들어나는 모양을 이름이요、 월을 맏드는 일함(作用)의 關係란 것은 혹은 풀

- 14 -

어하는가 혹은 풀이의 주장이 되는가 하는 것인데、그 文法上의 作用이 씨의 뜻과 꼴에 물어나는 여러가지의 모양을 이름이다。

이와 같이 첫재는 말법에서의 구실을 보고、담에는 그 구실에 對應하는 뜻과 꼴을 보아 이것을 標準을 삼아서 씨가름(品詞分類)을 하는 것이 옳으니라。

그러나 말이란 것은 元來 一定不變하는 죽은것이 아니라、항상 살아움즉이는것이당 이 씨가 저 씨로 바꾸히기도 하며、저 씨가 이 씨로 바꾸히기도 하며、또 이 씨와 저 씨와의 中間에 잇는 것도 잇어서、어느 便으로도 꼭 붙지 아니하는 것도 잇다。또 元來 말이 어며한 一定한 分類에 依하야 創作된 것이 아니라、分類가 元來부터 제스스로 잇는 말을 第二次的으로 便宜에 딸아서 가른 것에 지나지 아니한 것인즉、品詞를 分類하기에 얼마간의 어려움과 맞힘(撞着)이 없을수 없는 것은 미리 짐작하여 두어야 한다。

그러면 우리말의 씨를 어떻게 가르는가?

조선말의 씨를 먼저 크게 갈라、임자씨(主體語、體言)、풀이씨(陳述語、用言)、꾸밈씨(修飾語)、걸힘씨 혹은 토씨(關係語 或은 助辭)의 네가지로 한다。

이 分類의 順序는 다암과 같다。

씨
{ 걸힘씨(토씨)(關係語、助辭)
  생각씨(觀念語) { 꾸밈씨(修飾語)
                  으뜸씨(主要語) { 풀이씨(用言)
                                  임자씨(體言)

朝鮮語의 品詞分類論

朝鮮語의 品詞 分類論

먼저 모든 낱말(單語)을 그 말법에서의 구실(職能)과 그 獨立한 생각(觀念)의 잇고 없

음으로 보면, 이를 두가지로 크게 난흘수가 잇다。하나는 어떠한 생각을 나타내는 말이요,

또 하나는 이 생각을 나타내는 씨에 붙어서 그들의 사이의 關係를 나타내는 것이다。앞

에것을 생각씨(觀念語)、뒤에것을 걸힘씨 또는 토씨(關係語 又는 助辭)라 한다。이 생각씨와

걸힘씨(토씨)와의 區分은 다만 그 뜻이나 끝로써 한 것이 아니라, 참으로 월을 만들기에

미치는 作用의 다름을 딸아 가른 것이다。

생각씨를 다시 으뜸씨(主要語)와 꾸밈씨(修飾語)의 두가지로 난호나니, 으뜸씨(主要語)란 것

은 월의 으뜸감(主要成分)이되는 생각씨(觀念語)이요, 꾸밈씨(修飾語)란 것은 생각(觀念)을 가

지기는 으뜸씨와 다름이 없지마는, 월의 주장되는 뼉다귀가 되지 못하고, 항상 으뜸씨를 꾸미

는 구실을 하야、월의 第二次的 成分이 되는 것이다。으뜸씨는 事物의 이름(名稱)과 움즉

임(動作)과 어떠함(形容)을 나타내는 말이요、꾸밈씨는 그 이름과 움즉임과 어떠함을 꾸미

는 말이다。가만히 생각해 보건대、事物의 이름과 음즉임과 어떠함을 나타내는 씨가 월의

으뜸감(主要成分)이 되는 것은 論理的으로 보아도 當然한 것이라 할만하다。왜•그러냐하면

•元•來• 우리 사람의 생각가온대에 가장 重要한 것이 事物(이름을 부름)이 어떠하다든지、어

쩌한다든지 하는 것이요、그 남아지 여러가지의 생각——딸아 여러가지의 말은 이 세가지

의말을 꾸미거나(꾸밈씨) 얽어매거나(걸힘씨、토씨)하는 것밖에는 없기때문이다。

으뜸씨는 다시 임자씨(主體語、體言)와 풀이씨(陳述語、用言)의 두가지로 난혼다。임자씨는

월의 임자(主體)가 되는 씨를 이름이니、일이나 몬(物)의 이름이나 셈같은 것을 나타내는 임자씨

말이요、풀이씨는 월의 풀이(陳述)가 되는 씨를 일름이니、일이나 몬의 움즉임과 어떠함을

나타내는 말이 곧 그것이다。

이제 임자씨、풀이씨、꾸밈씨의 세가지의 말법에서의 쓰히는 법의 다름을 생각하건대、풀

이씨는 임자씨의 알에 쓰히며、꾸밈씨는 임자씨와 풀이씨의 우에서 그것들을 꾸미며、걸힘

씨(토)는 임자씨、풀이씨의 알에 쓰히되、꾸밈씨의 알에는 쓰히지 아니하는 것이 原則인데、

다만 어찌씨의 알에서는 더러 쓰히나니라。

이렇게 생각한즉、임자씨 풀이씨 꾸밈씨 걸힘씨(토)의 네가지의 가름은、그 말법에서의 구

실과 形式과 뜻과 서로사이의 關係와로 보아、매우 適切한 것이라 할만한 것이라고 생각한다。

四、임 자 씨

임자씨는 槪念을 들어내는 낱말이디、월의 임자가 되는 힘을 가지며、또 다른 자리를 차

지하드라도 늘 월의 뼉다귀(骨格)를 일우나니라。

임자씨가 事物의 槪念을 들어내는 것임은 이미 말한바이어니와、그 것이 월의 임자가

되는 힘을 가진 것이 그월에서의 特質이니라。곧 이름씨(名詞)、대이름씨(代名詞)、셈씨(數

詞)만이 월와 임자가 될수 잇고、다른씨는 決코 월의 임자되는 힘이 없다。어떤 境遇에는

임자씨밖의 것이 월의 임자가 되는수가 잇지마는、그매에는 그것이 반드시 임자씨의 資格

을 臨時로 얻고서 함이니라。이를테면

「의」는 가짐(所有)을 들어내는 토이다。

의 「의」와

「간다」는 움즉임을 들어내는 움즉씨(動詞)이다。

의 「잔다」는 다 월의 임자가 되엇는데、그것들은 다 임자씨의 資格을 얻은 것이니라。그

리고 보니、임자씨 아니고는 혹은 임자씨로의 다룸(取扱)을 받지 아니하고는 決코 월의 임

朝鮮語 의 品詞 分類論

朝鮮語의 品詞 分類論

자가 될수가 없나니라.」

임자씨는 월에서의 여러가지의 關係를 들어내기 爲하여 語形의 變化 곧 씨끝바꿈(活用)

이 생기지 아니하고、다만 토를 붙여서 다른 말에 對한 關係를 들어내나니라。

여기에 씨끝바꿈(活用)이라 함은 말본(語法)에서의 구실을 하기때문의 씨끝의 바꿈(語尾의 變

化)을 이름이니、풀이씨만이 이것이 잇고、그밖의 모든 씨들은 다 이것이 없나니라。임자씨에

도 語形의 變化가 아조 없는 것은 아니다。이를터면

　사랑스럽다

　사람답다

　가난방이

　작난군

과 같이 그 임자씨의 앞에 붙기지(接尾辭)「스럽다、답다、방이、군」 같은 것을 붙이기도 하

지마는、이는 임자씨에 두루들어나는 一般的 語法으로서의 바꿈(變化)이 아닌고로、이들 씨

끝바꿈(活用)이라고는 부르지 아니하고、다만 끌바꿈(形變Deklination)이라고 하야、저 풀이씨에

두루들어나는 씨끝바꿈(活用 Konjugation)하고 서로 區別하나니라。

임자씨는 그 뜻으로 보아 이름씨(名詞)、대이름씨(代名詞)、셈씨(數詞)의 세가지로 가른다。

이 가름의 차례는 다음과 같다。

첫재 임자씨가 概念을 들어낸다는 것은 앗가 말한 바이어니와、그 말이 具體的으로 槪

念을 直接으로 들어내는가、또는 形式的으로 槪念을 間接으로 들어내는가를 딸아、두가지로

난호나니、하나는 바탕임자씨(實質體言)이요、하나는 끝임자씨(形式體言)이다。

바탕임자씨(實質體言)는 一定한 바탕(實質)이 잇는 槪念을 들어내는 것이니、이것이 이름

씨(名詞)라 하는 것이며、끝임자씨(形式體言)는 그뜻에 對하여 一定한 바탕이 없고 그 한

날의 말로써 ㄱ이나 ㄴ이나 ㄷ이나 맘대로 생각할수 잇는 끌 혹은 끌(形式)을 抽象的으

로 들어낸 것이니、이를 主觀的의 것과 客觀的의 것과의 둘에 가른다。主觀的의 것이 대

이름씨(代名詞)이요、客觀的의 것이 셈씨(數詞)이니라。

西洋文法을 본뜬 日本文法에서 임자씨를 다시 갈라 이름씨(名詞)、대이름씨(代名詞)、셈씨

(數詞)의 세가지로 가르나、우리말본에 잇어서는 周스승님 및 그를 따르는 이들은 이들 가

늘게 가르지 아니하는 것이 예사이다。그 까닭은 우리말본에서는 그렇게 가르지 아니하드

라도 그 말본(語法)을 풀이하기에 조금도 거리낌이 없다는 것이다。딴은 그렇다。그렇지마

는 먼저의 네가지의 가름에서는 주장으로 말본에서의 구실로써 하엿으니、이제 다시 그것

을 뜻으로써 이렇게 세가지로 가르는 것이 다만 無妨한 일일 뿐만 아니라、다른것들도 또

한 이모양으로 뜻으로써 가르지 아니할수없게 되는 때문에、다같이 이렇게、가르는 것이 총

다고 생각한다。

이리하여 이름씨 대이름씨 셈씨로써 씨가름의 單位로 삼는다。

五、풀 이 씨

朝鮮語의 品詞分類論

임자씨
바탕임자씨……　主觀的……이름씨
　　　　　　　 客觀的……대이름씨
끝임자씨　客觀的……셈씨

朝鮮語 의 品詞類 分論

풀이씨(說明語、陳述語、用言)란 것은 일과 몬(物)을 풀이하는(說明하는) 힘(力)을 가진 씨를 이름이니、대개는 다 事物의 屬性조차를 함께 들어내나니라。

풀이씨(用言)는 먼저말한 임자씨(體言)와 함께 월의 뼈다귀가 되는 것이니、항상 임자씨가 어떠하다든지 또는 어찌한다든지를 풀이한다。이 어찌한다는 것은 사람의 생각함(思考)의 統一作用을 들어내는 것이며、또 事物의 屬性조차를 나타내나니라。

그 屬性에는 여러가지 잇나니、

히다、검다、붉다、푸르다 들과 같이 빛을 풀이하는 것도 잇으며、

무겁다、가볍다、들과 같이 무게(重量)를、말하는 것도 잇으며、

길다、쩌르다、넓다、굵다、가늘다、엷다、두껍다、들과 같이 부피(分量)를 말하는 것도 잇으며、

좋다、낮브다、더럽다、아름답다、달다、쓰다、들과 같이 性質을 말하는 것도 잇으며、

읽다、잡다、사랑하다、달아나다、먹다、들과 같이 산몬(生物)의 움즉임을 풀이하는 것도 잇으며、

흐르다、피다、자라다、떨어지다、들과 같이 몬의 일함(作用)을 나타내는 것도 잇다。그러나 屬性을 들어내는 것은 풀이씨(用言)만의 現象이 아니요、또 屬性은 들어내지 아니하고 순전히 풀이힘(說明力)만 가진 풀이씨도 잇으므로、屬性을 들어낸다는 것으로써 풀이씨의 絕對條件이라 할수가 없나니라。

풀이씨의 가장 요긴한 特徵은 그 풀이의 일함(陳述作用)에 잇다。이 일함(作用)은 사람

의 생각을 하나 만드는(統一하는) 일함이니、임자자리에 선 概念과 손자리에 선 概念과의 關

係를 밝히어、이를 서로 얽매는 힘을 이름이니라。

대체 사람의 생각을 들어냄에는 낱낱의 概念이 必要한 것은 말할 것도 없거니와、그 낱

날의 概念만 잇고 이를 하나 만들어서 判斷하는 일함(作用)이 없을것같으면、생각의 完全한

들어냄이 되지 못할 것이다。이와 같이 統一判斷하는 作用을 말로 나타낸 것이 곧 풀이

씨이다。元來 우리 사람의 생각은 判斷에 잇다는 論理學의 主張이 참이라 할진대、풀이씨

가 우리의 생각을 들어냄에는 가장소중함은 더말할 것도 없다。

풀이씨는 풀이힘과 함께 여러가지의 屬性을 들어내는 힘을 가진 것이 거의 그 全體이다。

그러나 그 屬性을 들어냄은 풀이씨의 特徵이라 할수없나니「붉엉이、노랑이、검정」과 같은 이

름씨(名詞)요 屬性을 나타내는 것이며、「가만히、천천히、노랗게」와 같은 어찌씨(副詞)도 屬

性을 나타내는 매문이다。그러므로 屬性을 들어냄은 거의 없고 다만 풀이힘만 가진 것도

풀이씨가 되나니라。이를터면

이것이 ‖붓이다‖

의 이다와 같은 따위이니라。

朝鮮語의 品詞分類論

풀이씨가 事物의 풀이(說明)를 함에는 여러가지의 법이 잇다。그러하야 그 쓰는 법을 딸아、

날말의 끝——씨끝(語尾)이 바꿈을 일이키나니、이 말의 씨끝의 바꾸힘을 씨끝바꿈 또는 줄

이어서 끝바꿈(語尾變化 又는 活用)이라 하나니라。이 끝바꿈이 잇는 것이 풀이씨의 보람

(特徵)이니라。

朝鮮語의 品詞分類論

이에 한두가지의 보기를 들건대,

복숭아꽃이 붉다。

아이가 젖을 먹는다。

가만히 앉아 먼 산을 본다。

의 붉다 먹는다 본다는 풀이를 하여 월을 끝내고,

버찌꽃이 붉게 피엇다。

하로 만에 세 끼니씩 먹게 되엇다。

열해 만에 서로 보게 되엇다。

의 붉게 먹게 보게는 풀이를 한면서 다른 풀이씨에 이어서 그 알의 풀이씨를 꾸미고,

붉은 꽃이 많이 피엇다。

먹은 약이 곧 들엇다。

보는 것은 다 하고 싶다。

의 붉은, 먹은, 보는은 다른 임자씨우에서 그를 꾸미는 일을 하며, 또

강물이 이렇게 붉음은 어제밤에 시우(土水)가 내린 까닭이다。

배가 아플 적에는 밥을 조곰씩 먹음이 좋다。

한 마을에 잇으면서도 그대를 보기가 가물에 콩나듯이 다문다문일세。

의 붉음, 먹음, 보기는 그 우에 잇는 임자씨를 풀이하면서, 그 全體의 句를 이름씨(名詞)같이 만들어서, 그알에 임자씨에 붙는 토(임자토)를 붙이어 한덩어리의 임자말이 되게 한

것이며,

꽃은 붉고 잎은 푸르다。

한번 마암을 먹으면 태산이 묺어져도 고치지 아니한다。

얼굴은 보지마는 속이야 볼수 잇나?

의 붉고、먹으면、보지마는은 그 우의 임자말을 풀이하야 월을 끝내지 아니하고、그 다암에 다른 句(미더)를 잇게한다──이와 같이 한 풀이씨가 그 쓰는 법을 딸아 그 끝이 여러가

지로 바꾸히나니、이를 풀이씨의 끌바꿈(活用)을 푸는 것은 흔하지 아니한 것이요、더구나 周時經쓰승님의 가르침을 받은 이들의 大多數는 이러한 說明을 一種의 異端으로 보아 왓다。이제 난즉 그 가르

침갈래의 한 사람으로서 이와같이 끌바꿈(活用)을 말함은 그저 新奇를 죵아한다든지 또는 저 外國사람들의 각기 제나라말에 맞후어서 풀이함을 턱없이 흉내내기를 죵하함에서나

온 것이 아니라、우리말의 가지가지를 남김없이 그 본(法)을 풀이하랴는 여남은 해 동안의 애태움의 結果가 到底히 앞사람의 풀이법(說明法)에 滿足하지 못한 때문이다。나의 풀

이법이 앞사람의 그것보다 낫음(優點)이 잇다는 것을 여기에 미리 다 낱낱이 말하지 아니하고 차차 ㅅ오는 풀이를 딸아 들어나오는 機會가 잇을적마다 조곰씩 조곰씩 말하고자 하

거니와、이제 한말로 말하자면 앞사람의 풀이법은 分析的임에 對하야、나의풀이법은 綜合的임이 그 特色이니、이것이 앞사람의 풀이법 보다 낫은 點이라고 믿는다。이제 다시 내가 이

綜合的 說明法을 取한 理由를 말하건대、

(1)、말의 本性에 더 맞후기 爲함이다。앞사람들은 이를터면 「붉다、붉게、붉은」의 「붉」

과 「다、게、은」을 따로 갈라서 「붉」은 어떻씨(形容詞) 「다、게、은」은 各各 토(助詞)라 하엿다。그렇지마는 우리는 果然 「붉」이란 말을、「다、게、은」들과 따로 떼어서 理解할수가 잇

을가? 「붉」은 決코 獨立할 힘이 없고、늘 「다、게、은」과 같은 것들하고 어울려서 한 말─

朝鮮語 의 品詞 分類論

한 씨로 理解되나니, 이것을 따로 떼어서、各各 獨立의 資格을 주는 것은 넘어도 分析的、理論的、語源的 說明이요、決코 말 그 스스로의 本體를 그대로(如實히) 잡은 說明은 되지 못하는 것이다。그 편에 선 說明으로서 가장 들을 만한 說明은 洪起文님의 說明이니、그는 씨가름에서 씨끼리의 결합(關係)으로 보아서 씨를 네가지로 가르되、形容詞와 動詞는 토의 補佐를 받지 않고는 쓰이지 못하는 것이라 하야 한 갈래를 지엇다。이는 우리말갈래를 밝히 살핀 말이다。그러나 이제 나뭇써 볼것같으면 이렇게 말하기 보다는 한층 더 나아가서 所謂 토란 것과 形容詞와 動詞를 서로 떼지 말고 한덩이 씨로 푸는 것이 더 適切하다고 생각한다。이와같이 綜合的으로 說明하는 것이 말의 本性을 理解하기에 맞으며、딸아서 말의 發達에 有利하며、글을 쓰기와 읽기에 便利하나니라。

(2)、앞사람의 分析的 說明에는 그 自體안에서 周到하지 못한 것이 있다。곧 우에든 여러가지의 씨끝 가운데에서 『다、는다、ㄴ다、고、으면、지마는』은 勿論이요、『르、을、는、은、ㄴ』에까지 各各 獨立한 一個의 씨(單語)의 資格을 주엇으면서『게、음、ㅁ、기』에 對하여는 獨立한 씨(單語)의 資格을 주지 아니하엿으니、이는 그 分析的 理論自體에 맞는 일이라 할수가 없으며、또 前後가 整齊한 풀이가 되지 못한다。그러므로 만약 分析的 說明法을 取할것같으면 『게、음、ㅁ、기』에까지 한날의 씨의 資格을 주어야 할 것이다。

(3)、綜合的 說明法은 말의 理解에 더 便宜함이다。앞사람의 分析的 說明法은、말의 綜合的 性質에 맞지 아니하기 때문에 알아보기에 不便하다。보기를 들건대、

『그러함 으로 어떠하ㄴ 메에다뜨ㄴ 씨우에 쓰히ㄹ 지라도 그 뜻 은 거거에는 關係 없고』(李奎榮著現今朝鮮文典六〇頁) 이것을 더그 分析的 要求에 맞도록 하자면、『그러함』도 『그러하 ㅁ』으로 끔두

과 같은 것이니 (이것을 더그 分析的 要求에

씨로 하여야 할 것이다)、이것이 얼마나 읽기에 努力과 時間이 濫費될 뿐아니라、그 理解조차
明確치 못한 것인지、누구든지 한번만 읽어 보면 반드시 짐작할 것이다。더구나 「ㄴ、ㄹ」과
같은 제홀로 소리조차 나지 못하는 것에까지 한 날의 씨의 資格을 주었으니、이것은 世
界에도 類가 없는 極端의 分析的 說明이라 아니할수 없는 것이다。이제 이 보기를 나의 綜
合的 說明에 依하여 적을것같으면(한 씨를 한 單位로 하여서)、

『그러하므로 어떠한 때 에 다른 씨 우에 쓰힐지라도 그 뜻 은 거기 에는 關係없고』

(4)、綜合的 說明은 말의 發達에 有利함이다。말이 發達함에는 한가지의 말이 여러가지의 뜻
을 가지게 되는 일도 잇으며、또 말이 조곰 그 꼴(形)을 바꾸어서 또 다른 말과 어울러서
딴 말을 일우는 일도 잇다。그러한데 分析的 說明에만 따를것같으면 말이 겉꼴(外形)로 複
雜해지는 發達을 일운 것들도 도로 다 語源으로 分析해 써야만 할 것이니、이리 해서는
말의 綜合的 發達을 助長하기는 커녕 阻害할 것이다 (이러한 形式 (말의 內容)의 綜合的 發達의 顯
著한 例는 우리가 저 떠이튀말에서 불수가 잇다)。嚴密히 首尾整齊하게 分析的 說明을 직힐진대

다른、모든、가즌、구든、얼음、천천이、조곰、
의 따위까지 두 씨로 갈라 써야 할 것이니、이것이 얼마나 귀찮은 分析인가!

(5)、도음움즉씨 (補助動詞)를 풀이합에 綜合的 說明法이 퍽 有利하다。앞사람들은 우리말본에
서 도음움즉씨를 풀이하지 아니하엿기때문에、그 硏究가 아즉 말의 全野에 미치지 못하고 말앗
다。이제 나는 앞사람이 아즉 開拓하지 못한 이쪽 묵밭을 뒤지고자 한다。그리함에는 꼭
綜合的 說明法을 取하여야 便利하다。

(6)、일즉 周스승님께서는 「다」와 함께 로(끝로)로 보던 「시、앗、겟」들을 金科奉님은 로에서 떠

朝鮮語 의 品詞 分類論

朝鮮語 의 品詞 分類論

어서 움즉씨에다가 붙이기 시작하엿다。이제 나의 눈으로 이것을 불것같으면、이 金님의 풀이는 도저한 分析的 풀이에서 얼마큼 綜合的 풀이에로 한걸음을 옮긴 것이라 할만하다。그러나 그가 『다』까지를 움즉씨에다가 붙여서 함께 한 씨로 보지 아니하엿음은 아즉 때가 온전한 綜合으로의 길을 허락하지 아니한 때문이라 할만하다。

(7)、요새 朴勝彬님이 풀이씨(用言)의 끝바꿈(活用)을 말한다。그러나 그의 活用은 단순하게 日本말을 흉내낸 것이어서 한줄에서의 語形의 變化(日本말의 活用)를 말할 뿐이요、그 變化가 文法上 아모 긴요한 뜻을 들어내지 아니하니、그러한 풀이는 말본에서의 아모 값이 없을 뿐아니라(朴님 말고도 이러한 活用을 말한이가 여럿이 잇다)、또 그는 담에(4 參照)말할 바와 같이 分析을 더하엿을지언정 決코 綜合의 길로는 들어서지 못하엿다。그의 지은 朝鮮語體系一覽에는 앞사람의 법을 딸아서 『다、는、ㄴ、ㄹ』들이 여전히 토(助辭)로 되어 잇을뿐 아니라、일즉 앞사람들이 따로 分析해내지 아니한 『지、기』까지가 토에 들어나아 잇으며、또 앞사람이 하지 몰한『히 기 시 깃』들조차 따로 떼어내어서 獨立한 씨의 資格을 주엇더라。그에 무슨 나아감과 뜻이 잇나 하면、그것은 分析을 더 도저히 하엿다는 것일 따름이다。그러나 이렇게 풀어서는 작고작고 말스스로의 綜合的 性質에는 멀어질 따름이다』

그러나 여기에 내가 풀이씨의 끝바꿈을 푸는 것은 決코 저 朴님의 풀이를 不足하게 녀기고 비로소 한 것이 아니라、나는 約十年前부터 純然히 獨立的으로 始作하여서 해온 것임을 여기에 밝게 말하여둘 必要를 느낀다。要컨대 分析的 說明은 우리말이란 數千年 동안이나 묵어오던 밭이 처음 광이를 보게 된지 얼마되지 아니한 한 동안에는 그 自然으로 먼저 일어나는 分析的 理論的 要求에 들어맞은 것이 많앗을 줄로 믿는다。그러나 때는 쉬지 않고 작고 흘러 간다。그리하여 우리에게도 綜合

的 實際的 要求가 새로 일어난 것이다。이것이 나의 綜合的 說明法을 取한 理由이다。

풀이씨의 끝이 그 쓰는 법을 딸아서 여러가지로 바꾸히는 조각(部分)을 씨끝(語尾termination)

이라 하며、그 바꾸히지 아니하는 조각을 씨줄기 더러는 줄기(語幹Stem)이라 일

컷나니라。앞에든 보기로써 보면

『붉다、붉게、붉은、붉음。
먹는다、먹게、먹는、먹음。
보다、보게、보는、보드라도』

의『붉、먹、보』는 바꾸히지 아니하나니、이를 씨줄기(語幹)이라 하며、『다、는다、게、은、는、음、

지마는、드라도』는 바꾸히는 조각이니、이를 씨끝(語尾)이라 하나이라。

다른 갈래의 씨의 발가지가 붙어서 풀이씨로 된 것은 그 발가지가 한 조각은 그 원 갈

래의 씨에 붙어서 줄기가 되고、다른 한 조각은 씨끝이 되나니라。보기를 들면、

산애답다
사랑스럽다

의『산애、사랑』은 임자씨인데、거기에 각각『답다』『스럽다』의 발가지가 붙어서 한 풀이씨로 된 것이

다。그런데 이 풀이씨의 『산애답』과 『사랑스럽』은 씨줄기가 되고、『다』들은 씨끝(語尾)이 되엇다。

풀이씨의 으뜸 뜻을 보이는 조각을 씨몸 더러는 줄기어서 몸(語體)이라 하며、몸가운데에

다시 그 맨으뜸 뜻을 보이는 조각을 씨뿌리(語根)라 하며、그담에 돕는 조각을 도움뿌리

(補助語根ー助根)이라 한다。보기를 들면、

사랑스럽다。
사람답다。

朝鮮語의 品詞 分類論

의 『사람답』과 『사랑스럽』은 씨몸(語體)인데, 『사람』과 『사랑』은 뿌리(語根)이요, 『답』과 『스럽』은

도움뿌리(補助語根)이니라。 씨뿌리란 것은, 풀이씨 뿐아니라, 모든 씨를 쪼개어 내다가 다시

는 더 쪼개낼수 없는 조각(部分)을 이름이니,

사람답다。

사랑스럽다。

들의 뿌리는 『사람』과 『사랑』이지마는,

놀애답다。

꿈같다。

들의 뿌리는 『놀애』와 『꿈』(임자씨)을 다시 더 쪼개낸 『놀』과 『꾸』이니, 이때의 도움뿌리는 『애』와

『답』, 『ㅁ』과 『같』의 둘씩이니라。

풀이씨의 씨몸에 더하여서 그 뜻을 돕는 발가지가 잇나니, 이 따위를 모다 도움줄기(補

助語幹)이라 하나니라。 보기를 들면,

사람답으시다。

먹이다。

먹히다。

살이웁나이다。

사랑하시다。

그러하오니

의 『으시, 이, 히, 웁, 시, 오』들과 같으니라(답에 다시 가늘게 풀이음)

우에 풀이하여 온 바에 딸아 보면, 풀이씨의 짜힘(構成)의 가장복잡한 꼴은 뿌리와 도움

뿌리가 모혀서 씨몸(語體)을 일우고, 다시 씨몸에 우에는 머리가지(接頭語)가 붙고, 그 알에

는 도움줄기(補助語幹)가 붙어서 한 줄기(語幹)를 일우고, 거기에 씨끝(語尾)이 붙어서 한 씨

(單語)를 일우나니라。이에 이것을 그림으로 적을것같으면,

$$\text{머리가지} + \underbrace{\underbrace{\underbrace{\text{뿌리} + \text{도움뿌리}}_{\text{씨몸}} + \text{도움줄기}}_{\text{줄기}} + \text{씨끝}}$$

와 같다。이러한 보기말을 들건대,

신전방자시다。

첫사랑하시고。

와 같은 것들이니, 이 말의 「신、첫」은 머리가지이요、「전방、사랑」은 뿌리이요、「지、하」는 도

음뿌리이요, 「신」는 도움줄기이요、「다」는 씨끝이니라。이러한 씨가 가운데에 도움뿌리가 둘이 되

는 보기를 들것같으면,

혓손질하시다。

밭헤염치시다。

의 「질」과 「하」、「염」과 「치」는 다 도움뿌리이니、「질」과 「치」는 뿌리를 도아서 임자씨로 만들고,

「하」와 「치」는 그것을 다시 풀이씨로 만들엇나니라。

풀이씨의 멘밑 생각의 씨(核)는 뿌러이니、그우에 더하여서 이를 꾸미는 것은 머리가지

朝鮮語의 品詞分類論

（接頭語）이요, 그알에 더하여서 여러가지로 고루는 도움뿌리, 도움줄기, 씨끝은 다 발가지

（接尾語）이니라.

풀이씨의 빠질수없는 基礎形式은 줄기와 씨끝이니, 아모리 홋진 씨라도 이 두가지는 반드

시 갖호아 잇나니라. 그러나 그 줄기로 말할것같으면, 홋진（單純한）것과 겹진（複雜한）것이 잇

어, 겹진 것은 앞에든 要素를 다 갖호지마는, 홋진 것은 더러은 도움줄기를, 더러는 어리

가지를, 더러는 도움뿌리를, 또 더러는 이 모든 것을 줄인 것이 잇나니라.

무릇 모든 풀이씨는 다 도움줄기를 줄일수가 잇나니, 보기를 들면,

신건방지다.

첫사랑하다.

헛손질하다.

발헤염치다.

와 같으며, 또 머리가지를 없일수가 잇나니, 보기를 들면,

전방지다.

사랑하다.

손질하다.

헤염치다.

와 같으니, 이러한 풀이씨는 씨몸이 곧 줄기 노릇을 하나니라.

또 많은 풀이씨는 뿌리가 곧 씨몸이 되고, 그것이 곧 줄기가 되나니, 보기를 들면,

가다

오다

크다
높다
와 같으니라。

여래까지의 말본책들은 다 씨몸과 씨끝을 각각 獨立한 씨로 다루기 때문에、그 사이
에 들어오는 도음줄기(補助語幹)를 둘대가 없어서、더러는 앞의 씨(끝로)에 붙이기도 하고(周
스승님)、더러는 우의 씨(풀이씨)에 붙이기도 하다가(金科奉님)、畢竟에 이것(도음줄기)을 아조 따
로 때어내어서 獨立한 한 씨갈래로 잡은 이(朴勝彬님이니 그는 이따위를 補助用言 이라 이
름지어서 한갈래의 品詞라 하엿음) 까지 생기게 되엇다。이는 分析的 文法의 갈대를 다간 結
果의 當然한 것이다。그러나 이와 같이 함은 물을 化學的으로 分析하여 水素둘과 酸素하
나로 하여 놓은 것과 갈아서 풀이씨란 性質을 얻어 볼수 없음과 같으니、우리사람의 생각을
綜合的으로 날아내는 말自體의 綜合的 性質을 能히 밝히지 못할 것인고로、이제 나는 이것을
버리고 모다 한씨로 잡고서 우에와 같이 풀어 풀이씨의 끝바꿈(活用)을 말하노라。

끝바꿈(活用)에는 세가지의 法이 잇나니、
(1)은 마침법(終結法)이요。(2)는 이음법(接續法)이요。(3)은 깜목법(資格法)이다。
(1)마침법이란 것은 풀이씨가 월의 풀이(說明)가 되어서 끝나는 것을 이름이니、이때의 월은
끝난월(完結文)이 되나니라。보기를 들면,
날이 개엇다。
강물이 맑다。
새가 노래한다。
외 『개엇다、맑다、노래한다』와 같으니라.

　　　朝鮮語의 品詞 分類論

(2)이음법(接續法)이란 것은 풀이씨가 월의 풀이가 되기는 하엿지마는 아즉 끝나지 아니

한 끝을 이름이니, 이때의 월은, 아즉 끝난월이 되지 못하고, 그 담에 다른 말과 잇나니라。

보기를 들면,

子孫이 잘나면 그집이 일고、國民이 잘나면 그 나라가 흥하나니라。

장마비가 개니 먼산이 아릅답다。

물이 맑으면 고기가 적게 든다。

새가 노래하거나 꽃이 웃거나 내게 무슨 상관 이 잇으랴。

의 『잘나면、일고、개니、맑으면、노래하거나、웃거나』와 같으니라。

(3)깜목법(資格法)이란 것은 풀이씨가 더러는 월의 풀이가 되는 同時에 더러는 따로 서서

ㄴ 깜목(資格)이 바꾸히어서、더러는 이름씨 같이도 되고 더러는 어떤씨 같이도 되고、더러

는 어찌씨 같이도 되는 것을 이름이니라。보기를 들면、

내가 이 말을 사랑함은 까닭이 없지 않소。

우연한 機會에 그 사람을 보게 되엇소。

여보 젊은이들、우리네의 늙어감을 웃지 마소、오늘 웃는 그대들도 來日이면 ·고만이리。

楊柳枝千萬絲ㄴ들 가는 봄을 잡아매며。

구름이 잦으면 비오기가 쉽다。

물을 건너 山을 넘어 지향 없이 다니다가。

의 『사랑함、보게、늙어감、웃는、가는、비오기、건너、넘어』들과 같음。

우에말한 마침법、이음법、깜목법의 씨끝(語尾)을 앞날에서는 다 토(겻、씻)로 보앗엇다。

그리하야『ㄴ、어、게』씨의 맘목(資格)을 엇엇엇음은 勿論이요、『ㄴ、ㄹ、이』까지도 한씨의 맘

목(資格)을 얻엇엇으니, 어찌 分析의 弊端의 甚한 것이 아니라 할수 잇으랴。 그런중에도 「음、ㅁ、기」가 다른 씨끝(는、이、ㄴ、은、ㄹ、을」과 조곰도 다른것이 없건마는、 그에는 獨立한 씨의 땀목(資格)을 주지아니 하엿엇나니、이는 說明의 整齊를 缺한 것이라、決코 完全한 풀이라 할수 없으며、더구나 뒤에 풀이하고자 하는 도음움즉씨(補助動詞)의 말본을 풀이하랴면、이와같이 끝바꿈(活用)을 말하지 아니하고는 잘되지 아니하나니라。

풀이씨는、먼저 그 屬性의 觀念을 들어내고 안들어냄으로 보아、 바탕풀이씨(實質用言)와 끝풀이씨(形式用言)로 가름。

바탕풀이씨(實質用言)란 것은 풀이힘과 함께 屬性觀念을 들어내는 씨이니、곧 그 씨가 들어내는 實地의 바탕이 잇는 말이니、「간다、보다、잡다、크다、척다」와 같은 것들이요。 끝풀이씨(形式用言)란 것은 풀이힘을 가진 것은 勿論이지마는、아모 實質의 觀念을 들어내지 아니하는 씨를 이름이니、

이것이 붓이다

한해는 열두달이다

의 『이다』와 같은 것이다。이를 한 갈래의 씨로 삼아서、잡음씨(指定詞)이라 하나니라。

바탕풀이씨(實質用言)는 그 뜻과 性質과 끝바꿈으로 보와 어떻씨(形容詞)와 움즉씨(動詞)의 두가치로 가름。

어떻씨(形容詞)란 일과 몬(物)의 바탕과 모양이 어떠함을 날아내는 씨를 이름이니、

봄철이 되니、날새가 따뜻하다。
하늘은 높고、땅은 두텁다。
강 빛이 푸르다。

朝鮮語의 品詞 分類論

그 사람은 맘이 착하다.

얼골이 입브다.

의 『따뜻하다, 높고, 두텁다, 푸르다, 착하다, 입브다』와 같은 따위이니라.

움죽씨(動詞)는 움죽임을 날아내는 씨를 이름이니,

학교에 가다.

멀리 잇는 이를 생각하다.

물이 밤낮 쉬쟎고 흐르다.

의 『가다, 생각하다, 떨어지다, 흐르다』와 같은 따위이다.

어떻씨와 움죽씨의 다름은 얼른보면 아조 환하여 아모 의심스럽은 것이 없는 듯하지마는, 가늘게 보면 매우 희미한 곧이 적지 아니하다. 본대 어떻씨는 몬과 일의 바탕이나 모양의 어떠함을 맘속에 그릴 적에 때란 것을 며나서 그리는 말이요、움죽씨란 것은 사람의 움죽임이나 물건의 움죽임이나 그것을 맘속에 그릴 적에 때란 골(形式)에 집어넣어서 그리는 말을 이름이니, 이러므로 어떻씨에는 때매김(時制 tense)이 없고, 움죽씨에만 잇는 것이다. 이것이 어떻씨와 움죽씨와의 根本的으로 다른 점일 것이다. 그러므로 저 며이취발본에서 움죽씨를 매씨(Zeitwort 時詞)라 일커르며, 西洋 여러말의 어떻씨와 日本말의 어떻씨는 다 때가 없는 것은 다 이러한 대에 말미암는 것이다. 그렇지마는 우리 조선말에서는 그렇지 아니하여,

꽃이 밝서 붉엇다.

이 참외는 익으면 맛이 달겟다.

에서와 같이 어떻씨에도 때매김이 잇나니、이는 우리말의 特別한 것이니라.

西洋文法에서의 움즉씨(Verb)와 어떻씨(adjective)의의 區別은 또 그 풀이힘(陳述力)이 잇고

없음에 잇나니、풀이힘은 움즉씨만이 가지고、어떻씨는 決코 이를 가지지 몯하엿다。그러므

로 어떻면 월(Sentence)이든지 한월은 반드시 한 움즉씨나 어떻씨(Verb)를 가지고 그 풀이를 삼나니

라。그렇지마는 우리 조선말에서는 움즉씨나 어떻씨나 다같이 풀이힘을 가지고 잇으니、우

리말의 어떻씨는 西洋말의 Adjective와 Verb을 兼한 것이라 할만하며、또 西洋의 Verb은 우

리말의 풀이씨에 該當하다 할만하니라。

이렇고 보니、우리말에서는 움즉씨와 어떻씨는 그 풀이힘에서나 그 때매김(時制)에서나 딸아

그 끝바꿈(活用)에서나 別로 다름이 없은즉、두가지로 가름 必要가 거의 없다 할만하니라。

다만 그 뜻으로 보아서 앞에와 같이 그 뜻매김(定義)을 하엿노라。그리하여 우리말에서의

어떻씨와 움즉씨와의 다름은 주장으로 그뜻에 잇나니、어떻씨는 일과 몬의 바탕과 본새의

어떠함을 나타내며、움즉씨는 사람이나 自然物이나 몬의 움즉임을 나타내

는 말이다。그러고 그 때매김 (時制) 에서는(이담에 차차 더 뚝뚝하게 말하려니와) 움즉씨

는 이제나아감(現在進行)을 많이 쓰지마는、어떻씨는 이제나아감(現在進行)을 쓰지 아니함이

그 꼴(形)에서의 다름이니라。

보기를들면

아이가 글을 읽는다。

홀로 서어서 먼산을 바라본다。

글을 읽는 아이。

먼산을 바라보는 사람。

과 같이 움즉씨는 이제나아감(現在進行)으로 쓰히지마는、어떻씨는 이러하지 몯하여、

朝鮮語의 品詞分類論

경치가 아름답는다。

가 말이 되지 못하나니라。

착하는 아이는 앞길이 멀다

우에와 같이 움즉씨와 어떻씨와의 다름의 어떠함을 말하엿거니와、이제 『잇다、없다』란 말은 어대에 붙을 것인가? 이것은 우리말에서의 한 물음거리이다。첫제、그 끝바꿈에서 그 마침법(終止法)은 어떻씨와 같이 『잇다、없다』라 하며、그 깜목법(資格法)은 움즉씨와 같이 『잇는、없는』을 쓰나니、꼭 어떻씨와 움즉씨와의 사이에 없다。그러나 원체 움즉씨와 어떻씨와는 그 끝바꿈(活用)이 그 가름의 主要點이 되지 못하고、그 뜻이 그 가름의 主要點이 되는 것인데、이제 『잇다』와 『없다』는 그 끝바꿈은 움즉씨와 어떻씨와의 사이이지마는、그 뜻으로는 어떻씨에 붙을 것인즉、이를 따로 한 갈래를 세우기보다는 어떻씨에 붙이는 것이 옳다고 생각하노라。그뿐아니라 『크다、붉다』와 같은 어떻씨도 어떤 境遇에는 깜목법에서 現在進行을 쓰나니、

크는 아이들이니까、하로에 밥 세 그릇만 가지고는 모자랠 것이다。

와 같이 아조 움즉씨같이 쓰히기도 하며、『잇다』『없다』도 어떤 境遇에는 이제나아감(現在進行)의씨끝 『는』을 쓰지 아니하고、어떻씨와 같이 『은』을 쓰는 일이 잇나니、

말없은 靑山이요、態없은 流水로다。갑없은 靑風이요、임자없은 明月이라。이中에 病없은 이 몸이 分別없이 늙으리라

실없은 자식 같은이。

와 가튼 것이다。이렇게 보면 『잇다』『없다』를 어떻씨(形容詞)에 붙이는 것이 더욱 適當함을 불지니라。

이리하여 우리는 풀이씨(用言)를 갈라서、우에 말한바와 같이 움즉씨(動詞)와 어떻씨(形容詞)와 잡음씨(指定詞)의 세가지로 가른다。

풀이씨를 어떻씨와 움즉씨로 가르는 것은 온 누리(世上)의 익은 출례(慣例)인즉、아모라도 이에 對하여는 무슨 딴 생각을 할 리는 없겠지마는、잡음씨(指定詞)를 따로세움에 對하여는 많은 놀람과 의심을 가질 것이다。그러나 나의 硏究에 依할것같으면、적어도 우리말에 잇어서는 음즉씨와 어떻씨와의 다름보다는 차라리 잡음씨와 그 두가지와의 더큰 것이다。그리하여 나는 이제 처엄으로 이 갈래를 두어서 풀이씨를 세가지로 가르엇노라。

이 세가지는 다 西洋文法으로 보면 Verb에 맞(當)는 것이니、이는 西洋의 Verb은 풀이힘을 주장으로 보고 이름씨요、우리의 움즉씨 어떻씨 잡음씨의 세가지의 가름은 풀이힘이란 共同基礎우에서의 뜻과 쓰힘의 다름으로써 가른 것이다。만약 西洋에서의 씨가름(品詞分類)만을 가지고 무어라고 하는 사람이 잇다고 하면、이는 넘어도 적은 눈의 가진이임을 스스로 나타내는 것이라고 할 것이다。모든 앞선이들(先輩들)은 나의 여기에서 잡음씨(指定詞)라 하는 『이다』를 한가지의 이름씨앞에 불는 토로 보아 왓다。그리하여、

　물우에 기름이다。

　많이 바다다。

에서와 같이 닿소리로 그친 이름씨앞에는 『이다』가 불고、홀소리로 그친 이름씨 알에는 『다』가 불는다 하엿다。그중에서도 『다』가 원몸이요、『이다』의 『이』는 다만 소리를 고루기 爲하여 들어가는 것이라 하여、아조 그 갑어치를 알아주지 아니하엿다。그렇지마는 나의 생각에 依하면、『이다』의 『이』가 홀소리알에서 더러 줄어져 나지 아니하는 수가 잇기는 하지마는、그 뜻인즉 꼭 『이』가 더 重한 것이요、『다』는 다만 그것을 끝맺는 씨끝(語尾)에 지나

朝鮮語의 品詞分類論

朝鮮語 의 品詞 分類論

지 아니한 것이다。그러면 「이다」는 어떠한 씨인가? 이는 앞에서도 말한 바와 같이 아모 實質

의 생각은 없지마는 다만 풀이하는 힘을 가진 끌풀이씨(形式述語)이니, 이름씨 앞에서 그

이름씨와 함께 월의 풀이가 되는 것이니, 그 우의 이름씨가 닿소리로 끝낫거나 홀소리로

끝낫거나를 묻잖고 반드시 들어가야 풀이가 되는 것이다。그리하여 홀소리로 끝난 이름씨

앞에서는 혹 「이」는 줄어지고, 「다」만 쓰히는 수가 잇지마는, 다른 境遇에서는 이 줄어젓던

「이」가 다시 살아나나니, 이를테면

金庾信은 新羅의 이름난 장수이다。

에서는 「이」가 줄어지지마는,

그대 新羅의 장수인 金庾信은 나라를 爲하여 몸을 바치엇으므로 마츰내 三國을 하나만

들엇소。

에서의 「인」은 「이다」의 한 끝바꿈이니, 이 때에는 決코 줄일수 없나니라。「이다」는 實質

의 觀念이 없기때문에 제홀로는 월의 풀이가 되지 몰하고 항상 이름씨와 어우르기는 하

지마는, 그스스로가 풀이하는 힘을 가진 獨立한 한 풀이씨인 것만은 지울(否定할)수 없는

것이다。그리하여 「이다」는 다른 풀이씨(음즉씨나 어떻씨)모양으로 때매김(時制)을 들어내나니,

보기를 들면,

「學校의 校長은 ㄴ님이다

잡아내여 죽이랴고 보니 맑앗 아는 사람이엇다。그는 젊은 여자이엇다。

그때 尹아모가 會長이엇엇다。

來日의 天氣豫報는 晴이겟다。

에서와 같이, 「이다」의 「이」는 여러가지와 때를 들어내기 爲하여, 여러가지의 끝바꿈(活用)을

한 것을 알 것이니, 이때의 들어낸 때는 그 풀이씨 「이다」의 때이니, 즉 그월의 풀이에 든 이

름씨가 그 월의 임자씨하고 그러한 관게에 서(立)는 일(곧 그러한 관게에 잇다고 잡는

일)의 때를 들어냄이다。 만약 이것을 獨立한 한 풀이씨로 보지 아니하고 그저 이름씨앞에

붙는 토라 할것같으면、 그 때란 것은 무슨 때를 보임이 될가? 움즉씨의 앞에나 보임을

것같으면, 그 움즉씨의 들어내는 움즉임의 때를 들어낸 것이라 하겠지마는, 애초부터 때하고

는 아모 관게가 없는 이름씨앞에 붙은 토가 무슨 때를 들어낸 것이라 할가? 到底히 正

當한 說明을 내릴수 없을 것이다。 이러한 까닭으로써 우리는 「이다」를 바탕(實質)없는 그

러나 한 獨立한 풀이씨로 보고, 그 이름을 잡음씨(指定詞)라 하노니, 이는 대개 무엇이

엇이라고 잡는(指定하는) 뜻을 나타내기 때문이니라。

풀이씨 { 바탕풀이씨 { 性質………어떻씨(形容詞) / 動作……움즉씨(動 詞) } / 곧풀이씨…………잡음씨(指定詞) }

六、꾸 밈 씨

꾸밈씨(修飾語)는 꾸미는(修飾하는) 씨란 뜻이니、재스스로가 월(文)의 뼈다귀가 되지 못

하고、항상 월의 뼈다귀되는 씨(곧 으뜸씨)나 월을 꾸미는 구실(職能)을 하는 날말이다。

임자씨와 풀이씨가 월의 주창되는 뼈다귀을 임우는 것은 앞에서 이미 말하엿다。 그러한즉

임자씨와 풀이씨와만이 잇으면、우리의 생각의 뼈다귀는 나타낼수가 잇을 것이다。 그러나 사

朝鮮語의 品詞分類論

朝鮮語 의 品詞 分類論

탐의 精細한 知性과 微妙한 感情은 到底히 그것만으로는 滿足할수가 없다. 그래서 그 떡다

귀되는 思想과 感情을 精細하게 그러며 微妙하게 들어내고자 하는 要求가 생긴다. 이 要求

에 應하야 생겨난 말이 곧 꾸밈씨이다. 그러므로 사람의 思考과 感觸이 發達할수록, 이 꾸

밈씨는 더욱 發達하야, 꾸밈씨가 꾸밈씨를 겹으로 꾸미게 되는 것이다.

여기에 이른 꾸밈씨에는 西洋文法에서 이른 Adverb(日本文法의 副詞), Interjection(日本文法의

感動詞)은 勿論이요, Conjunction(日本의 接續詞)도 들어가며, 또 Adjective의 一部分(日本의

形容詞의 一部分)도 들어가나니라. 이의 詳細한 說明은 담에 차차 하기로 하고 위선 그

대강만 알아두면 그만이다.

꾸밈씨는 씨끝바꿈(活用)이 없이 항상 그 꾸미어지는 씨나 월의 앞에서서 제 구실을 하나

니라.

끝바꿈(活用)은 풀이씨만의 特徵인즉, 꾸밈씨도 임자씨와 같이 그것이 없다.

다른나라말에서는 혹·꾸밈씨가 그 꾸미어지는 씨나 월의 뒤에 가는 것이 잇지마는, 우리

말에서는 그 앞에 가는 것이 原則이다. 어떤것은 임자씨의 앞에 어떤것은 풀이씨의 앞에

어떤것은 語句나 월의 앞에, 또 어떤것은 다른 꾸밈씨의 앞에 서어서 그 뒤에것을 꾸민다. 어

면 境遇에는 꾸밈씨가 다른 꾸미어지는 씨나 월의 뒤에 오는 일이 없지 아니하지마는, 그

것은 앞에 갈것을 일부러 바꾸어 놓은 대에 지나지 아니하나니라.

꾸밈씨는 그 性質과 구실로 보아 어떤씨(冠形詞) 어찌씨(副詞) 느낌씨(感嘆詞)의 세가지

로 가른다.

이 세가지로 가르는 차레는 담과 같다.

꾸밈씨를 먼저 그 꾸미어지는 말이 낱말인가 마디(句)나 월(文)인가를 딸아 낱말꾸밈씨

（單語修飾語）와 마디꾸밈씨（文句修飾語）의 두가지로 가르고、날말꾸밈씨를 다시 갈라 임자씨

를 꾸미는 것과 풀이씨를 꾸미는 것의 두가지로 하나니、임자씨를 꾸미는 것을 어떤씨（冠

形詞）、풀이씨를 꾸미는 것을 어찌씨（副詞）라 하며、이에 대하야 마디꾸밈씨를 느낌씨（感嘆

詞）라 일컷나니라。

이리하야 꾸밈씨는 세가지로 난호힌다。

꾸밈씨〜
　날말꾸밈씨〜 {　어떤씨（冠形詞）
　　　　　　　　 어찌씨（副詞）
　마디꾸밈씨……느낌씨（感嘆詞）

어떤씨（冠形詞）는 임자씨의 우에、어서 그 알의 임자씨가 『어떤한』 것임을 보이는 씨

란 뜻이니、곧『어떠한?』에 對하야 그 內容의 答이 될만한 씨이다。이를터면、

이 책은 龍飛御天歌란 책이오。

새 옷을 입엇다。

모든 일이 다 그렇소。

가즌 소리를 다 하네。

의『이、새、모든、가즌』과 같은 것들이다。

어찌씨（副詞）는 풀이씨의 우에서 그 알의 풀이씨가 어떠하게（곧 같은 뜻으로 어찌） 들어

남을 보이는 씨란 뜻이니、『어떠하게?어찌?』에 對하야 그 內容의 答이 될만한 씨이다。이

를터면、

아이가 천천히 걸어 가오。

朝鮮語의 品詞分類論

나비가 훨훨 날아 간다。

나는 떡을 조금 먹엇네。

내일은 꼭 맞납시다。

절로 그렇게 됩니다。

의 『천천히、훨훨、조금、꼭、절로』와 같은 따위이다。

느낌씨(感嘆詞)는 마디(句)나 월의 우에 서어서 그 알의 마디나 월을 꾸미는 씨이니、

그 뜻이 항상 느낌(感嘆)을 나타내는 것이므로 느낌씨라 일컷나니라。이를터면

아! 밝은 달이 몃구나。

참! 반가운 일일세。

허허! 이런 일이 잇나。

아차! 잘못 되엇군。

의 『아! 참! 허허! 아차!』와 같은 따위이니라。

이제 다시 한번 생각해 보건대、월의 뼉다귀는 임자씨와 풀이씨와의 두 조각(部分)으로 되엇는데、이 월의 뼉다귀를 꾸미는 꾸밈씨의 첫재것——어떤씨는 임자씨를 꾸미고、둘재것——어찌씨는 풀이씨를 꾸미고、셋재것——느낌씨는 임자씨와 풀이씨가 어울러서 된 마디(句) 나 월의 全體를 꾸민다。이는 論理的으로 보아、매우 合理한 일이요、또 合理한 分類이라 할지니라。

七、걸 힘 씨 (토씨)

걸힘씨 또는 토씨(關係語 又는 助辭)는 낱말 곧 임자씨 풀이씨 더러는 꾸밈씨에 붙어
서 그것들의 걸힘(關係)을 밝게 보이는 씨를 이름이다.

임자씨와 풀이씨는 各各 一定한 뜻을 가진 主要한 낱말이다. 그러나 그 둘만으로는 월
을 일우지 못한다. 이를터면,

사람 범 죽엇다.

고만 하여서는 그 뜻이 뚝뚝하지 못하다. 곧 죽인 것이 사람인지 범인지, 죽이힌 것 ——
죽은 것이 범인지 사람인지, 꼭히 알수가 없다. 그러나 이것을

사람이 범을 죽이엇다.

고 하든지,

사람을 범이 죽이엇다

고 하든지 하면, 그 뜻이 뚝뚝해져서 조금도 섞갈릴 念慮가 없다. 이와 같이 씨와 씨와
의 걸힘(關係)를 밝게 보이는 것이 걸힘씨(關係語) 또는 토씨(助辭)이다.

여기에서 걸힘씨 또는 토씨란 것은 예전부터 이르는 토(吐)란 것하고는 그 範圍가 꼭
같지 아니하다. 元來 이전에는 漢文을 읽을 적에 그것을 朝鮮化하기 爲하야 붙이는 그 사이
사이에 朝鮮式의 接尾語, 語尾, 助辭 따위를 통틀어 토(吐)라 하엿다. 이를터면,

春二月에 王이 崩하고 子 惠王이 立하다.

에서 漢字以外의 朝鮮文字는 다 토(吐)라 하엿다. 그러나 이제 우리말본으로써 보면, 『에, 이』
는 獨立한 씨의 資格을 가진 것이지마는, 『하고, 하다』는 決코(여기에서는) 獨立한 씨의 資
格이 없고, 『崩하고』『立하다』가 各各 一個의 獨立한 씨이다. 그러므로 『고, 다』는 씨끝(語尾)
이요, 『하』는 도움뿌리(補助語根)이니, 『崩, 立』과 合하여, 『崩하, 立하』가 되어서, 비로소 움

朝鮮語의 品詞 分類論

朝鮮語 의 品詞 分類論

즉씨(動詞)의 씨줄기(語幹)가 되나니라。그러므로 예전의 이른 토란 것은 도모지 우리말스스로의 말본에서 나온 말이 아니니、그것은 이제 우리말본을 說明함에는 조금도 必要없는 것이므로、이제 나는 같은 말을 쓰되、그 뜻은 꼭같이 잡지 아니하엿노라。

또 周스승님 적부터 上記의 「고、다」를 따로 떼내어서 獨立한 一個의 씨의 資格을 주어서 토라 하는 것이 우리말연구자의 一般的 態度이다。그러나 나는 이런 것에까지 一個의 獨立한 씨의 資格을 줄수 없다고 생각하므로 (그밖의 여러가지의 理由는 앞에 자세히 말하여 두엇다)토라 하지 않고、다만 씨끝(語尾)으로 보노라。

걸합씨(토)는 제스스로가 事物의 觀念을 들어내는 것은 아니요、다만 다른 세가지의 생각씨(觀念語)──임자씨、풀이씨、꾸밈씨의 사이에 생기는 關係의 槪念을 들어내는 것이니、토가 있는 것은 우리말의 한 特性이니라。

英語에도 우리의 토와 비슷한 前置詞(Preposition)란 것이 잇지마는、이는 대개 本來 다른 씨(副詞 혹은 動詞)에서 第二次的으로 생긴 것일 뿐아니라、그 數交와 그 쓰히는 範圍도 매우 적고 좁아서 到底히 우리의 토에 비길 것이 못되나니라。그러하여 이 토가 잇는 것이 우리말의 重要한 特性이다。

言語學者는 世界의 말을 그 形態上으로 보아 세가지로 가른다。그 하나는 떨어진말(孤立語 Isolating Language)이「이는 날말이 대개 한날내(單音節)로 되어서、그 날말의 꼴(形狀)에 아모 變化가 없고、文法上의 여러가지 關係는 다만 그 날말의 順序로써 보이는 말이다。支邦語、暹羅語 같은 것이 그것이다。둘재는 굽치는말(屈曲語 Inflexional Language)이니、이는 날말 그것의 變化 곧 屈曲으로 因하야 文法上의 關係를 나타내는 말이다。梵語、歐洲諸國語가 그것이다。셋재는 붙는말(膠着語、添加語 Agglutinative language)이니、이는 그스스로가

變化하지는 아니하지마는、그에 붙는 말(곧 토)이 잇어서 文法上의 關係를 보이는 말이다。

土耳古語、蒙古語 朝鮮語 곧 이른바 『우랄=알타이』語族이 그것이다。우리말에 이러한 特殊한

토를 가진 것이 저 支那語 英語 佛語하고 아주 다른 點이니라。딸아 우리말의 文法研究에는

이 토씨의 研究가 매우 特色잇는 重要한 한 部分이니라。

토씨는 그 끝(形)에 바꿈(變化)이 일어나지 아니하며、반드시 도워지는 씨의 앞에 붙어 쓰히나니라

英語의 前置詞는 本來 우리말의 토씨와는 비길수없을만콤 그 由來와 數와 範圍가 갚고 많고 크

지 몰함은 앞에 말한바와 같거니와、그 쓰히는 자리도 서로 正反對로 다르다。英語의 그것은 반드

시 도워지는 씨의 앞에 쓰히기때문에 前置詞의 名稱이 잇음에 對하야、우리말의 토씨는 반드시

도워지는 씨의 뒤에 쓰히나니、이를 그 자리로써 이름지을것같으면、後置詞라 할만하니라。

걸힘씨는 다시 갈래를 가르지 아니하고、그냥으로써 씨가름의 單位를 삼나니、이 씨가름

의 單位로서는 걸힘씨라 하지않고、오로지 토씨(또는 줄여서 토)라고만 부르나니라。

나는 오래동안 걸힘씨를 다시 자리토씨(格助辭)、도음토씨(補助辭)、느낌토씨(感助辭)의 세가지로

갈라서、分類形式의 論理的 整齊에 滿足을 얻엇다。그러나 여러가지로 생각한 끝에 이렇게 가

른 것으로써 씨가름의 單位를 삼는 것은 다른 單位에 比하야 암만해도 지나친 細分인 感

이 잇을 뿐아니라、뒷날에 씨를 標準單位로 하야 글월을 씰 적에 觀念語가 아닌 關係語가

여럿이 連續하게 되어 讀書上 不便이 잇을 듯하므로、이를 다시 가르지 아니하고、토로써 씨가

름의 單位로 삼는 것이 適當하다고 한다。

八、씨가름의 보기들

여태까지 생각하여 온 씨가름의 結果는 조선말을 『이름씨(名詞)、대이름씨(代名詞)、셈씨

朝鮮語의 品詞分類論

(數詞)、움즉씨(動詞)、어떻씨(形容詞)、잡음씨(指定詞)、어떤씨(冠形詞)、어찌씨(副詞)、느낌씨(感嘆詞)、토씨(助辭)」의 열가지로 가르엇다。이제 그 보기를(一覽表)를 보이면,다암과 같으니라。

```
          ┌ 바탕임자씨 ── 主觀的……이름씨
  ┌ 임자씨 ┤
  │       └ 골임자씨 ── 客觀的……대이름씨
  │                              셈씨
으뜸씨 ┤
  │       ┌ 바탕풀이씨 ┬ 動作……움즉씨
  └ 풀이씨 ┤           └ 性質……어떻씨
생각씨 ─┤  └ 골풀이씨 ── 갑음씨
  │
  │       ┌ 날말꾸밈씨 ┬ 임자씨를꾸미는것……어떤씨
씨 ┤ 꾸밈씨 ┤           └ 풀이씨를꾸미는것……어찌씨
  │       └ 마디꾸밈씨 ── 比較的獨立的인것……느낌씨
  │
  걸힘씨 ─────────────────────── 토씨
```

九、남 은 말 (餘論)

이 가름을 전의 周스승님의 것과 서로 비겨 보면,

이책의가름	전의가름
이름씨	
대이름씨	임
셈씨	
움즉씨	움、곳、잇과 겻의一部分、

어떻씨 ― 엇、꼿、잇과 겻의 一部分、

잡음씨 ― 꼿、잇과 겻의 一部分、

어떤씨 ― 언

어찌씨 ― 억

느낌씨 ― 늣

토 씨 ― 겻의 大部分、잇의 一部分、

과 같다。곧 이 책에서는 풀이씨(움즉씨、어떻씨、잡음씨)의 끝바꿈(活用)을 말한 때문에、전의 가름의 『꼿』(맺)의 全部와 『잇』의 大部分과 『겻』의 一部分(풀이씨알에 붙는 것)이 풀이씨속에 吸收되엇으며、『잇』의 極少部分(과、와、하고、하며 들)과 『겻』의 大部分(주장으로 임자씨알에 붙는 것) 이 『토씨』를 일우엇으며、전의 『임』이 세가지의 씨로 分化되엇으며、『잡음씨』가 새로 생겨낫나니라。나는 十餘年前의 사초(草稿)에서는 여기의 이른 『잡음씨』를 토씨가온대에 넣어서 이름씨를 풀이말되게 하는 『풀이자리토씨』(說明格助辭)라 하엿엇다。그러나 금번에는 우에서 展開한 바와 같은 理論에서 이것이 풀이씨에 붙을 것으로 보고서、다른 풀이씨(움즉씨、어떻씨) 와 나란히 한 풀이씨로 세워、잡음씨(指定詞) 라 하엿노라。(그렇드라도 잡음씨가 實質的 觀念語가되지 못하니、이것을 토씨로 보내는 편이 차라리 옳다고 생각할수도 없지 아니하다。그러나、만약 그리한다면、그뿐아니라 임자씨중에도 實質的 觀念을 가지지 못한 것(것、줄、이、갈은것들)이 잇으니、그것도 토씨에 집어넣어야 될 것이다。그리하여서는 말법을 풀수가 없게 되겠은즉、안될 것이라 생각한다。)

우에서 본 바와 같이 씨의 이름을 모두 전의 것과는 달리하엿다。나의 씨가름이 전의 그것하고는 조금 다름이 잇다。그리하여 各 씨가 그 뜻이 서로 꼭 一致하지 못한 것이 많이 생기엇다。그러나 그 中心되는 뜻인즉 그리 틀림이 없은즉、그 全同하지 못함이 나의 改稱

朝鮮語의 品詞分類論

朝鮮語 의 品詞 分類論

의 理由가 되는 것은 아니다。나의 이름고친 까닭은 따로 잇다。이제 이를 말하여 둘 必要가 잇다。

周스승님의 우리말본을 풀이하는 대에는 우리말로 그 學術語(갈말)을 삼아야 한다는 생각에 나는 全然히 贊成한다。그리하야 前에 金科奉님이 그 『ㄱ조선말본』을 起草하실 적에 잇는대로 周스승님의 쓰시던 術語(갈말)을 그대로 이어쓰는(襲用) 것이 좋겟다는 말을 부탁한 일까지 잇엇엇다。그랫으면서도 이제 이렇게 고친 것은 무슨 까닭인가? 이는 다름이 아니다。한말로 하면, 우리말본을 쉽게하야 容易히 理解되며 一般的으로 普及되도록 하라함에서 나온 일이다。

世人이 흔히 조선말본을 어렵다 한다。이런 世人의 생각에는 여러가지의 誤解와 偏見과 非科學的 態度가 들어잇음은 事實이다。(그러나 이것을 밝힘이 이 글월의 目的이 아닌즉、여기에서는 그것을 辨明하랴고 아니한다。) 그러나 그렇다고 그 世人의 말에 조곰도 귀를 기우릴 必要가 없는 것은 아니다。이러한 말에 對하야서도 그것을 치기전에 먼저 스스로 反省하야 털끝만한 不利한 原因이라도 나에게도 잇는가를 찾아 보는 것이 自說의 萬全을 期하는 眞實한 學的 態度일 것이다。이러한 뜻으로 론즉、周스승님과 金언니와 갈

말(學術語)가운데에 륙히 씨의 이름이 확실히 不適當하다고 생각하엿다。그이들은 꼭 한날내(單音節)의 소리로만 이름을 지엇다。그렇게 하기때문에、많은 억지의 짓을 하엿다。그때문에 그 이름이 넘어도 奇怪하고 서툴어서 도모지 親한 맛이 없다。그러므로 누구든지 처엄으로 조선말본책을 對하면、먼저 그 넘어도 생소한 術語(갈말)에 그만 억정이 문허져서、『아이구!어려워!』하는 첫 印象을 받게 되는 것이다。그리하여서 潜心하여 研究해 보지도 않고、그만 조선어의 문법은 어렵은 것이 거니! 하는 誤解를 가지게

되는 일이 많은 줄로 안다 (그네들이 이러한 『어려워!』의 誤解를 가짐에는 여러가지의 다

른 重大한 잘못된 理由가 따로 잇지마는 그것은 여기에서 말하지 아니한다)。아모리 그렇드

라도 이러한 갈말(術語)이 必要上 全然 新造된 것이라면 어쩔수없다 하겟지마는、實相인즉 그

말이 普通 쓰는 말에서 만든것인 담에야、무슨 必要로 이러한 奇怪難解의 것을 만들어낼

것일가? 親한 말에서 親한 것을 만들어내어서 알아보기쉽게 함이 得策이 아닐가? 더구나 씨

의 이름을 한날내(單音節)로만 지어야 할 理由가 어대 잇을가? 우리말에서 事物의 이름

(곧 이름씨)이 한날내로 된 것과 두날내넘어로 된 것과가 어느쪽이 더많을지 (이것도 究

研해 볼만한 것이다) 얼른 알수 없을만큼 各々 多數임이 事實이며、또 人名과 地名이 大槪다 二

字 또는 三字로 되엇음도 事實이다。이는 부르기와 듣기에 二字以上의 名稱이 區別되기

쉬운 때문이다。그러한데 무슨 까닭으로 어려운 不自然한 외자이름을 지을 것인가? 이러

하야 나는 우남하게 앞선이들의 쓰던 씨의 이름을 고쳤다。

사람이나 또 무엇이나 그 이름은 아모렇게 부르드라도 一般이 다 알아주면 그만이다。

이름을 작고。가는 것은 매우 不利한 성가신 일이다。저와 같은 不自然한 알기어려운 이

름도 이미 一般의 親熟한바가 되엇을것갈으면 이제 다시 고치는 것도 딴것을 貪하는 『作

名家』의 誹謗을 들는지도 모르겟지마는、全朝鮮人으로 본다면 그러한 怪僻한 術語(갈말)

을 아는 사람은 至極히 少數이다。우리말본의 民衆化 一般化를 꾀하는 우리로서는 요만한

改良은 斷行하는 것이 至當하다고 생각한다。

이렇게 말하면 或者는 『그럿 그럴터면 오늘에 一般이 잘 아는 漢字로 된 日本文法의 術

語를 그냥쓰는 것이 좋지 아니하냐?』고 할는지 모르지마는、그것은 그렇지 아니하다。첫

재 그것은 될수잇는데까지는 적어도 우리말의 說明은 우리말로 하자、더구나 우리말본의 갈

朝鮮語 의 品詞 分類論

朝鮮語 의 品詞 分類論

말(術語)은 우리말로 하자! 는 理想에 들릴뿐아니라、둘재 남의 文法의 術語(갈말)을 그냥

씀의 매우 危險한 일이다。웨 그러냐하면 말본(語法)이 서로 다름을 딸아 같은 用語라도 그

內容이 다름이 예사인데、이제 남의 말본의 갈말을 댕겨쓰면 그 나라말의 법을 가지고 우

리말의 법을 律하랴는 不合理한 妄動과 誤解를 이르킬 念慮가 많은 때문이다。이것은 여기

에서 일부러 例證을 들 必要가 없이 다암의 대문을 읽으면 절로 깨칠 것이라고 생각한다。

世上에는 西洋文法과 日本文法의 接續詞를 조선말의 잇는토(接續助辭)로 보는 이가 많은

모양이냐。이것은 큰 誤解이다。그 이른 接續詞는 決코 토(助辭)가 아니오 一個의 觀念語

(接續作用을 하는 觀念語)이니、이를터면 日本文法에서

人及び馬。

飲み且つ食ふ。

花を観又月を賞す。

의 及び、且つ、又와 같은 따위이다。그러므로 이것을 저 關係語인 接續助辭하고는 判然히

區別하여야 한다。곧

人と馬。

花を観ると 樂しい。

의 と는 助辭이요、接續詞는 아니다。그러므로 이책에서는 西洋語와 日本語의 接續詞는 어

찌씨(副詞)에 넣어서 풀엇노라。

助動詞는 어데에 불는가? 하는 이가 잇을 것이다。이에 對答하기전에 먼저 世人의 誤解부

터를 풀 必要가 잇다。

첫재 世上에는 日本文法의 助動詞를 漢文式으로 읽어서 『動詞를 補助하는 詞』의 뜻으로 解

釋한다。그러나 그렇지 아니하다。助動詞가 決코 動詞앞에만 붙는 것이 아니라、名詞、代名詞

알에도 붙는 것이니、助動詞가 動詞를 돕는것이라 할수 없음이 分明하다。日本文法의 助動詞

는 動助詞이니、곧 活用하는 助辭이다。

둘재、世人은 日本의 助動詞와 西洋의 助動詞(Auxiliary Verb)와를 同一視하는 이가 잇지

마는、이것은 그 譯名의 同一함으로써 그 內容조차 同一하게 본 것이니、잘못이다。아까 말

한바와 같이 日本의 助動詞는 活用하는 助辭이지마는、西洋의 助動詞는 主動詞를 『補助하는

動詞』곧 動詞의 一種이니、서로 딴판으로 다르다。이를 分揀하여야 한다。

이렇게 世人의 誤解를 풀어놓고 나서、그 물음에 대답하건대、日本의 助動詞는 거의다 풀이

씨의 도움줄기(補助語幹)로 풀고、西洋의 助動詞는、西洋에서와 같이、一個 別種의 品詞로

잡지 아니하고、動詞中의 一種으로 풀고자 한다。우리말본에서 아측 助動詞를 뿐이가 없엇

으나、나는 이것을 풀고자 한다。그러나 여기에는 그 詳細한 說明을 할 자리가 아니므로

이만만 하고 그치노라。

마즈막에 나의 이러한 綜合的 文法으로서의 品詞分類에 對하야、다암과 같은 疑問을 이

르키는 이가 잇을 것이다。곧 『이왕이면、──西洋文法을 딸아서 풀이씨의 씨끝바꿈(活用)을

말하야 맷씨•잇씨같은 토씨를 없어 버렷다면──남어지의 토씨까지도 임자씨나 또는 다른씨에

다가 붙여서 說明하야서、토씨란 것은 도모지 없여 버리는 것이 어떠할가?』고 할 것이다

그리나 이것은 그렇지 아니하다。왜그러냐하면 나의 이러한 綜合的 品詞分類가 決코 單

純한 西洋文法의 模倣이 아님을 注意하여야 한다。내가 여기에서 풀이씨(用言)의 씨끝바꿈(活

用)을 말함은 우리말 自體의 綜合的 性質에 基因한 것이요、決코 語族的 性質이 判異한 다

른나라말의 文法을 본뜬것은 아니다。그러므로 이왕이면 마자본뜨는 것이 어떠하냐?함은 옳

朝鮮語의 品詞 分類論

朝鮮語의 品詞分類論

지 몯하다。또 設令 西洋文法을 單純히 模倣만 한다 하드라도、西洋文法에도 토(前置詞)란

것이 全無함은 아니다。나도 十餘年前에 品詞分類의 硏究을 시작할적에 一種의 模倣心理에서 임

자씨(體言)에 붙는 모든 토씨를 다 그우의 임자씨에다가 붙여서 說明하랴고 애써 본 일이

잇엇으나、그것이 本是 우리말自體의 性質에서 나온 試驗이 아니매、畢竟 그 不可能함을 깨

치고 말앗다。近者에 와서 朝鮮語硏究者가운대서 이러한 主唱──토씨를 도모지 없이자 하는

것──이 잇음을 본다。그러나 나는 거기에 贊同할 수가 없다고 생각한다。

또 이다암에 우리글을 가로씰 적에 名詞앞에 붙는 토는 꼭 그 우의 名詞에다가 붙여서

야만 될 줄로 생각하는──딸아서 그 토를 獨立한 씨로보지 않고 그 名詞의 一種의 語尾

變化로 푸는 것이 좋을 줄로 생각하는 이가 잇을 듯하지마는、이것도 그렇지 아니하다。그

와 같이 붙여씰것같으면 도로 여러가지의 쉬갈힘(錯雜)이 생길 뿐아니라、뚜렷하게 獨立

的 性質을 가지고 쓰히는 體言에다가 雜多의 語尾를 붙이기 때문에 도리어 一般의 實際的

理解를 어렵게 하는 弊端을 낳을 念慮가 없지 아니하다고 생각한다。 보기를 들면、

體言끼리의 쉬갈힘의 보기

소(牛)를──솔(松)을

보(褓)를──붙(버선불)을

기(旗)를──길(道)을

파 를──팔(腕)을

나(我)를──날(刃)을

소(牛)는──손(手)은

보(褓)는──본(法)은

무(燕)는 —— 문(門)은

자(尺)는 —— 잔(盞)은

노(繩)는 —— 논(畓)은

體言과 用言의 섞갈힘의 보기.

나는(我는) —— 나는(飛하는).

보는(褓는) —— 보는(見하는).

차는(茶는) —— 차는(蹴하는).

자는(尺은) —— 자는(宿하는).

노는(繩은) —— 노는(遊하는).

이러하야、畢竟에는 한가지의 마침(綴字)이 두세가지의 뜻을 가지게 되는 것이 여간 많지 아니할 것이다.

	1	2	3
ㅈㅏㄴㄴ	尺은	盞은	座하는.
ㄴㅗㄴㄴ	繩은	畓은	遊하는.
ㅂㅗㄴㄴ	褓는	見하는	褓을見하는.

이것이 다만 뜻의 相違라 할진대 그리 크 문제가 될 것이 없겠지마는、그 實相인즉 形式의 差異가 混亂된 것이니、이제 만약 123의 各形式에 가질수잇는 各種의 意味를 더 할것같으면、그 實際의 數爻가 여간 많지 아니하야、말할수없이 眩亂하게 될 것이다.

이러하야 나의 分類는 이러한 모든 弊端을 막는 同時에 우리말의 語族的 性質에도 適合한(토씨를 가진 點에서) 分類이라고 생각한다.

朝鮮語의 品詞 分類論

—— 一九二九、一二、三〇、——

昭和五年十一月二十八日　印刷
昭和五年十二月　一日　發行

定價壹圓

不許複製

著作兼發行者　元漢慶　京畿道高陽郡延禧面延禧里

印刷者　鄭敬德　京城西大門町二丁目一三九

印刷所　朝鮮基督教彰文社　京城西大門町二丁目一三九

發行所　延禧專門學校出版部　京城府外　振替京城八七六一番

販賣所　東光堂書店　京城寬勳洞一二三番地　振替京城一六一二番

조선어문연구

인쇄일: 2025년 3월 15일
발행일: 2025년 3월 30일
지은이: 연희전문 출판부
발행인: 윤영수
발행처: 한국학자료원
서울시 구로구 개봉본동 170-30
전화: 02-3159-8050   팩스: 02-3159-8051
문의: 010-4799-9729
등록번호: 제312-1999-074호

정가 150,000원